8° L²⁷
33.192ⁿ
A

BAYARD

~~~

In-12 5ᵉ série

n- 116
83

In 27
3/2.192   33.192
  A   A

PROPRIÉTÉ DES ÉDITEURS

LES VIEUX GUERRIERS
DE LA FRANCE

BAYARD

PAR

Mlle CL. JURANVILLE

Auteur du Voyage au pays des Merveilles, etc.

LIMOGES
MARC BARBOU ET Cie, IMPRIMEURS-LIBRAIRES
Rue Puy-Vieille-Monnaie

1883

NOUVELLE HISTOIRE

DU

GENTIL SEIGNEUR DE BAYARD

DU PREUX ET VAILLANT CHEVALIER

SANS PEUR ET SANS REPROCHE

PREMIÈRE PARTIE

Bayard (Pierre du Terrail, seigneur de), surnommé le Chevalier sans peur et sans reproche, naquit, en 1476, au château de Bayard, près de Grenoble. Il était issu de la noble famille des du Terrail qui donna une foule d'illustres guerriers à la France. Dans cette famille, le patriotisme et le courage étaient héréditaires, et, comme le dit un historien, il était presque impossible que de si bonnes plantes ne produisissent pas un fruit qui leur ressemblât. Bayard ne dégénéra point; il surpassa ses ancêtres. Heureux les hommes qui, comme lui, reçoivent un nom sans tache et en augmentent encore la gloire par leurs hauts faits et leurs vertus !

Son trisaïeul, Philippe du Terrail, mourut aux pieds du roi Jean, à la funeste bataille de Poitiers; ses deux fils, Pierre et Jean, périrent, le premier, à la bataille de Crécy et le second à celle de Verneuil. Un autre, son aïeul, Pierre du Terrail, la terreur des Anglais, qui l'appelaient l'*Epée-Terraille*, avait pris part à toutes les campagnes de Charles VII, qui délivrèrent la France du joug de l'étranger. Louis XI l'employa dans les guerres que lui firent ses vassaux, il mourut à ses côtés à Montlhéry. *Prouesse du Terrail*, disait-on proverbialement en Dauphiné. Aymon, le père du chevalier sans peur, perdit un bras à la première journée de Guinegate, il fut obligé de quitter la carrière des armes et se retira à son château de Bayard, où il épousa Hélène des Alleman-Laval, sœur de Laurent des Alleman, évêque de Grenoble. Pierre, dont nous racontons la vie, fut l'aîné des quatre fils issus de cette union.

L'éducation de Bayard se fit à Grenoble, sous les yeux de son oncle l'évêque, elle était complète à douze ans : il savait lire et signer son nom, c'était là seulement la science qu'on réclamait d'un gentilhomme.

Qu'il y a loin du bagage d'un écolier d'alors avec ce qu'on exige de lui aujourd'hui ! Ne nous en plaignons pas, plus l'intelligence est développée, plus il y a de chance pour le bonheur, et plus aussi on peut se rendre utile à soi-même et aux autres.

Bayard, à treize ans, fut admis comme page chez le duc de Savoie. Celui-ci l'emmena, peu de temps après, à Lyon où il vint voir le roi Charles VIII. Quand ce roi, grand connaisseur en faits d'armes, lui eut vu manier son cheval avec autant de grâce et d'adresse qu'eût pu le faire le meilleur écuyer du monde, il le demanda au duc de Savoie qui le lui céda avec empressement. Le roi, joyeux d'une si bonne acquisition, caressa le jeune Bayard, et le recommanda à son favori le comte de Ligny et le pria de l'admettre au nombre de ses pages.

Quelques années plus tard, Charles VIII revint à Lyon ; alors, un des plus rudes jouteurs de son temps, le sire Claude de Vaudrey, voulut donner un tournoi en l'honneur du roi. Il pendit ses écus à un poteau, afin de combattre ceux qui y toucheraient. Le jeune Bayard, qui brûlait du désir de faire ses premières armes, alla toucher aux écus et combattit si bien contre le seigneur qu'il le vainquit en présence du roi et de toutes les dames. Il obtint le prix et on lui rendit l'honneur qu'il lui était dû.

Le comte de Ligny, croyant qu'il était utile d'exercer le courage et l'inclination martiale de Bayard, l'envoya en Picardie, dans la ville d'Aire où était sa compagnie d'ordonnance ; le jeune vainqueur y dressa un tournoi et combattit à la barrière. Il y fit des merveilles contre tous les assaillants et acquit tout l'honneur de la journée ; mais parce qu'il était le chef de l'entreprise et qu'il en faisait toute la dépense, il donna les prix qui lui furent adjugés, — et qui consistaient en un très riche bracelet d'or et un fort beau diamant, — au seigneur de Bellabre et au capitaine David l'Ecossais, qui avaient très bien combattu.

En 1494, Charles VIII, résolu de revendiquer par la force ses droits sur le royaume de Naples, — droits qu'il tenait du comte d'Anjou, frère de saint Louis, — entra en Italie à la tête d'une armée nombreuse. Bayard y suivit le comte de Ligny et se comporta, dans cette première campagne, comme un vieux soldat. A la bataille de Fornoue, en 1495, il eut deux chevaux tués sous lui. Là, tous les princes et les républiques d'Italie furent défaits, eux qui prétendaient empêcher le retour du roi et lui barrer le chemin !

Le roi donna cinq cents écus à Bayard, comme récompense de sa valeur, et lui, en échange, remit au roi une enseigne de gens de cheval qu'il avait prise à l'ennemi.

Charles VIII étant mort sans enfants à Amboise, Louis XII, auparavant duc d'Orléans, lui succéda, et quand il voulut faire valoir les droits qu'il avait sur le Milanais par sa grand'mère Valentine Visconti, Bayard rejoignit sa compagnie et chargea, un jour, les ennemis avec tant de fureur qu'il entra avec eux dans Milan.

Fait prisonnier, le duc se montra généreux et lui rendit la liberté.

Bayard se trouva à la bataille de Novare, où le duc Ludovic Sforce fut vaincu et fait prisonnier ; la valeur du chevalier contribua beaucoup à la victoire. Pendant la conquête du royaume de Naples, le bon chevalier donna tant de preuves de sa vertu et de son expérience, qu'il y acquit un grand renom. Il se fit aimer et honorer par les ennemis même, qui tremblaient de peur toutes les fois qu'ils savaient qu'il était en campagne. Il soumit la Pouille, en compagnie de Bellabre et de Louis d'Ars à qui il sauva la vie, combattit avec eux contre Gonzalve de Cordoue, surnommé le grand capitaine, et leur conduite au siège de Canosa força les Espagnols à l'admiration. Bellabre eut le visage brûlé, Bayard reçut plusieurs coups de lance; mais, le lendemain, la ville était prise, 1505.

Pour une querelle d'honneur, Bayard

battit en duel un capitaine espagnol appelé Sotomayor et le tua en présence de plusieurs seigneurs des deux partis. Peu après, treize Espagnols ayant défié autant de Français, Bayard remporta le prix et s'acquit la réputation d'être le meilleur, le plus fort et le plus adroit chevalier du monde. « Son esprit était incessamment attaché à chercher des couronnes ; après en avoir acquis plusieurs dans les combats à *outrance*, il en cherchait aussi dans les tournois et combats à *plaisance*. » Mais son courage et sa haute valeur parurent surtout à la défense du pont de Garigliano, qui séparait l'armée française d'avec l'armée espagnole.

Emule d'Horatius Coclès, seul contre deux cents gens d'armes, il se défendit comme un lion et, par cet acte héroïque, empêcha l'armée d'être surprise.

Après toutes ces belles actions, le bon chevalier revint en France où le roi l'honora de récompenses, puis il l'emmena avec lui contre les Génois, qu'il aida à mettre à la raison, 1507. Ce fut en ce voyage que le roi de France et le roi d'Aragon se virent à Savone après leur accommodement. Bayard reçut mille louanges du roi d'Aragon, lequel s'adressant à Louis XII, dit en frappant sur l'épaule de Bayard :

— Monseigneur mon frère, bienheureux le prince qui nourrit de tels chevaliers.

Le roi, de son côté, prodigua à Gonzalve de Cordoue les plus hauts témoignages de son estime et de son admiration. Le grand capitaine fut ravi d'embrasser le bon chevalier, malgré qu'il eût fait si souvent sentir la pesanteur de ses coups à ceux de son parti.

Enfin, pour abréger ce récit, qui serait trop long si nous voulions parler de toutes les occasions où Bayard s'est glorieusement signalé, nous dirons seulement qu'il fut encore employé dans le secours que le roi envoya à l'empereur Maximilien contre les Vénitiens ; il décida le gain de la bataille d'Agnadel, 1509, par une vigoureuse charge qu'il exécuta à la tête de cinq cents cavaliers. Il accompagna le roi contre les mêmes ennemis qui détenaient injustement le duché de Crémone et lui aida à gagner plusieurs forteresses. Il ne se distingua pas moins au siège de Padoue.

En 1510, le pape Jules II, prétendant que le duché de Ferrare appartenait au Saint-Siège, voulut l'y réunir. Le duc de Ferrare se prépara à une vigoureuse défense et réclama le secours de son allié le roi de France. Louis XII lui envoya un détachement de quatre mille hommes, sous les ordres de Bayard ; peu s'en fallut que le pape guerrier ne fût enlevé par Bayard, au siège de la Mirandole. Le duc, aidé des avis et de l'appui du chevalier français, battit complètement, près de la Bastide, les troupes papales et espagnoles qui menaçaient Ferrare. Jules II, ne pouvant venir à bout de cette ville tant que Bayard la protègerait, essaya de décider le duc à lui livrer les Français ; il lui fit faire secrètement les plus belles propositions; mais le duc révéla tout à Bayard, et, portant trop loin son indignation, voulut se venger du pape en le faisant empoisonner. Le chevalier, non moins loyal que Fabricius, accueillit ce projet avec horreur et en fit rougir l'allié de la France; il lui dit :

— Eh ! Monseigneur, je ne puis croire qu'un prince aussi noble que vous ait pu consentir à une si noire trahison, et si cela était, je vous jure sur mon âme qu'avant qu'il fût nuit j'en préviendrais le pape.

— Monseigneur de Bayard, répliqua le duc, après avoir craché par terre, je voudrais avoir tué tous mes ennemis en faisant ceci ; mais puisque vous ne le trouvez pas bon, il n'en sera rien, et Dieu veuille que vous et moi n'ayons pas à nous en repentir.

Bayard, en agissant ainsi, sauva la vie du pape et l'honneur du duc après lui avoir conservé ses états.

Lors même que nous aurions à retirer quelque avantage d'une action mauvaise et déloyale, ne la faisons pas, car elle exciterait en nous le remords et quand le remords est dans un cœur, on peut dire adieu au bonheur.

Après avoir décidé la prise de Bologne, Bayard partit avec Gaston de Foix, duc de Nemours, pour faire le siège de Brescia où s'étaient enfermés les Vénitiens. Chargé de donner l'assaut, le chevalier fut blessé gravement, en franchissant le rempart, d'un coup de pique à la cuisse ; le fer se ompit et demeura dans la chair. La douleur fut telle que le brave chevalier se crut blessé à mort. Deux soldats l'emportèrent hors de la mêlée, et le bruit courut que Bayard avait été tué.

Le duc de Nemours s'écria avec douleur :

— Amis, vengeons le trépas du plus accompli chevalier qui fut jamais.

A ce cri, répété de rang en rang, les Français se précipitent avec fureur sur l'ennemi, l'écrasent et se rendent maîtres de Brescia.

Le 11 avril 1512, Bayard prit une part glorieuse à la fameuse bataille de Ravenne, une des plus meurtrières et des plus acharnées que l'on ait vues. C'est en parlant de ce combat que Bayard écrivit à son oncle l'évêque de Grenoble : « Si le roi l'a gagnée, les pauvres gentilshommes l'ont bien perdue. »

Bientôt après, l'armée française, épuisée et menacée par les forces supérieures des Vénitiens et des Suisses, se replia sur Pavie et se vit contrainte d'évacuer cette ville. Dans sa retraite, Bayard, suivant sa coutume, resta le dernier pour protéger l'arrière-garde; il reçut une blessure à l'épaule et, malgré la vive douleur qu'il éprouva, il rassura ses compagnons et ne voulut pas les quitter.

Il est reconnu que la force morale a un grand pouvoir sur le mal physique ; nous ne saurions donc trop nous habituer à supporter avec courage et patience les souffrances qui peuvent atteindre notre corps.

De l'Italie, Bayard se rendit en Navarre que Louis XII voulut reprendre au roi d'Aragon ; seul il jeta quelque gloire sur une campagne malheureuse et alla combattre en Flandre. Il se trouva, en 1513, à la journée des Eperons, qui fut pour les Français une échauffourée plutôt qu'une véritable défaite.

Bayard, étant revenu à la cour, trouva Louis XII occupé à recevoir sa seconde femme, Marie d'Angleterre, sœur de Henri VIII. François, duc de Valois et d'Angoulême, le plus proche héritier de la couronne, donna, en l'honneur de la reine, de belles joutes et de magnifiques tournois ; notre brave chevalier prit part à ces réjouissances et prouva que la réputation qu'il s'était acquise dans tant de batailles lui était légitimement due.

Louis XII étant mort peu de temps après son mariage, François 1er lui succéda. Le nouveau roi nomma Bayard lieutenant général du Dauphiné, et ayant résolu de reconquérir le Milanais, qu'il appelait son héritage d'Italie, il chargea Bayard d'ouvrir le passage en franchissant les Alpes. A la bataille de Marignan (1515), Bayard combattit à côté de François 1er et fit des merveilles. Son cheval fut tué sous lui ; en ayant pris un autre, un coup d'épée trancha les rênes, et l'animal emporta son cavalier au milieu des bataillons suisses. Tout autre à sa place eut été tué cent fois ; mais lui, frappant de droite et de gauche, parvint à franchir les lignes ennemies, se laissa glisser à terre, puis, moitié rampant, moitié combattant, tuant ici, contrefaisant le mort un peu plus loin, il parvint à s'échapper sain et sauf.

Après cette bataille, qui dura deux jours, le roi voulut être armé chevalier par celui qui passait à bon droit pour le modèle des preux et qui était bien digne de cette glorieuse préférence. Vingt jours après, tout le Milanais était conquis.

Charles-Quint avait envahi la Champagne et mis le siège devant Mézières ; Bayard courut se jeter dans la ville ; il y fit des prodiges de valeur. Sans vivres, avec une faible garnison, il tint tête à toute l'armée impériale, forte d'environ 100,000 hommes. Cependant, la position était devenue telle que tout espoir d'une plus longue résistance semblait perdu. Bayard eut alors recours à une ruse de guerre ; il fit tomber entre les mains des ennemis une lettre par laquelle il faisait penser d'une manière adroite que la ville était parfaitement approvisionnée et qu'un secours était prochainement attendu. Les assiégeants, découragés, se retirèrent et, grâce à cet ingénieux artifice, Mézières fut sauvé.

Bayard fut proclamé le sauveur de la France ; son entrée à Paris fut triompale, le roi alla au devant de lui avec tous les grands et le parlement en corps. Le vainqueur marcha à côté du roi et à sa main droite. Le roi lui donna, outre le cordon de Saint-Michel, une compagnie de cent hommes d'armes à commander, honneur jusque-là réservé aux princes du sang.

Mais le terme des exploits de Bayard approchait : le roi de France voulant rentrer en possession du duché de Milan, donna sa plus belle armée, 40,000 hommes, à un habile et brillant courtisan, assez brave de sa personne, mais fort mauvais général, à l'amiral Bonnivet. Celui-ci, par une inaction coupable, et au lieu de marcher droit sur Milan sans défense et de l'enlever, laissa à l'ennemi le temps de s'y fortifier et aux généraux Lannoy et de Bourbon, celui d'opérer leur jonction. Il recula alors à Biagrasso, compromit Bayard à Rebecco, — en ne lui envoyant pas les secours nécessaires dans une ville qui n'avait ni murailles, ni fossés, ni barricades, — et, forcé de reculer encore sous peine d'être coupé de la France, se retira sur la Sesia.

Il fut blessé au passage de cette rivière, près de Romagnano.

Bayard, à qui il laissa le soin de sauver l'arrière-garde, tomba mortellement blessé d'une pierre d'arque-buse dans les reins. Le héros se recommanda à Dieu, et fut déposé au pied d'un arbre par ses serviteurs, la tête tournée vers l'ennemi, suivant sa volonté. Ainsi mourut, le 30 avril 1524, le type le plus accompli et le plus pur du chevalier français.

Bayard a été inhumé dans le couvent des Minimes de la Plaine-lez-Grenoble. En 1823, la ville de Grenoble lui a érigé une très belle statue qui le représente au moment où il est frappé à mort.

DEUXIÈME PARTIE

Anecdotes se rapportant à la vie de Bayard

Bayard entrait dans sa quatorzième année, lorsque son père, vieux et infirme, fit venir un jour devant lui ses quatre fils pour savoir quel état chacun d'eux voulait embrasser. Pierre, l'aîné, d'un visage riant et éveillé, répondit :

— Monseigneur, mon père, bien qu'amour filial me tienne si fort votre obligé, que je dusse oublier toutes choses pour vous servir jusqu'à la fin de votre vie, ce néanmoins, ayant enraciné dans mon cœur les bons propos que chaque jour vous me récitez des nobles hommes du temps passé, mêmement de ceux de notre maison, je serai, s'il vous plaît, de l'état dont vous et vos prédécesseurs ont été, et j'espère, Dieu aidant, ne point vous y faire déshonneur.

— Mon enfant, lui répondit le vieux guerrier, le cœur ému et les larmes aux yeux, Dieu t'en donne la grâce; tu ressembles trop de visage et d'allure à ton grand-père, qui fut en son temps un des chevaliers les plus accomplis de la chrétienté, pour que je me refuse à tes désirs. Sois un preux, souviens-toi de ne jamais forligner (1), et d'avoir meilleur soin de ton honneur que de ta vie.

Bayard, après avoir choisi le métier des armes, fut conduit chez son oncle, l'évêque de Grenoble, qui s'était chargé de le présenter lui-même au duc de Savoie. Le matin du départ et après avoir déjeuné, l'enfant monta sur son roussin et se fit voir à toute la compagnie, qui était

(1) Quitter la ligne droite, dégénérer de la vertu de ses ancêtres.

dans la basse-cour du château. Quand le cheval sentit un si petit poids sur lui, il commença à faire trois ou quatre sauts, et la compagnie eut peur qu'il affolât le garçon. Mais, au lieu de ce qu'on croyait qu'il allait crier à l'aide, quand il sentit le cheval si fort remuer sous lui, il lui donna, d'un cœur assuré comme un lion, trois ou quatre coups d'éperon et lui fit faire une course dans la basse-cour, en sorte qu'il mena le cheval à la raison comme s'il eût eu trente ans. Il revint prendre congé de la compagnie, et le jeune enfant, d'une joyeuse contenance, s'adressant à son père, lui dit :

— Monseigneur, mon père, je prie Notre-Seigneur qu'il vous donne bonne et longue vie, et à moi la grâce, avant qu'il vous ôte de ce monde, que vous puissiez avoir de bonnes nouvelles de moi.

— Mon ami, dit le père, je l'en supplie.

Et puis il lui donna sa bénédiction.

La pauvre dame de mère était pendant ce temps en une tour du château qui tendrement pleurait, car malgré qu'elle fût joyeuse de ce que son fils était en voie de parvenir, son amour de mère la portait à larmoyer ; on vint lui dire que son enfant était à cheval, prêt à partir ; elle sortit de la tour, le fit venir vers elle et lui adressa ces touchantes recommandations :

— Pierre, mon ami, vous allez au service d'un gentil prince. Autant qu'une mère peut commander à son enfant, je vous commande trois choses tant que je puis, et, si vous les faites, soyez assuré que vous vivrez triomphamment en ce monde :

» La première, c'est que, avant toutes choses, vous aimiez, craigniez et serviez Dieu, sans aucunement l'offenser, s'il est possible. Tous les matins et tous les soirs recommandez-vous à lui, et il vous aidera.

» La seconde, c'est que vous soyez doux

et courtois à tous gentilshommes, en ôtant de vous l'orgueil. Soyez humble et serviable à toutes gens. Ne soyez ni médisant, ni menteur. Maintenez-vous sobrement quant au boire et au manger. Fuyez ennui, car c'est un vilain vice. Soyez loyal dans vos actions et dans vos paroles.

» La troisième chose que je vous commande, c'est d'être secourable aux veuves et aux orphelins. Soyez charitable aux pauvres nécessiteux ; donner pour l'honneur de Dieu n'appauvrit aucun homme ; l'aumône que vous pouvez faire vous profitera grandement au corps et à l'âme.

» Voilà tout ce que je vous en charge. Je crois que votre père et moi ne vivrons plus guère, Dieu vous fasse la grâce, à tout le moins, tant que nous serons en vie, que toujours nous puissions avoir bon rapport de vous. »

Alors Bayard, malgré son jeune âge, lui répondit :

— Madame ma mère, de votre bon enseignement, tant humblement qu'il m'est possible, je vous en remercie; j'espère le suivre et que vous en aurez contentement. Et, au demeurant, après m'être recommandé à votre bonne grâce, je vais prendre congé de vous.

Alors la bonne dame tira hors de sa manche une petite boursette dans laquelle il y avait seulement six écus en or et un en monnaie qu'elle donna à son fils; elle appela un des serviteurs de l'évêque de Grenoble, son frère, et elle lui donna une mallette dans laquelle il y avait quelque linge pour la nécessité de son fils.

Le bon évêque prit congé de la compagnie et appela son neveu — qui, pour se trouver dessus son gentil roussin, pensait être en paradis. — Ils commencèrent à marcher vers Chambéry, où pour lors était le duc Charles de Savoie.

Le soir même, ils arrivèrent à leur destination, et Bayard fut présenté par son oncle au duc Charles, qui l'agréa. Il resta son page pendant six mois environ.

Bayard était page depuis peu à la cour de Savoie, lorsque le duc Charles, désirant terminer à l'amiable d'anciens différends avec la cour de France, vint rendre visite à Charles VIII, qui se trouvait alors à Lyon. Le comte de Ligny remarqua le jeune Bayard parmi les gens de la suite du prince, et dit à celui-ci que le roi serait heureux d'avoir à son service un page de si bonne mine.

— Sur mon âme, répondit Charles, il est à lui s'il le désire ; nulle part le jeune gentilhomme ne trouvera une meilleure école qu'en la maison de France, de tout temps séjour d'honneur et de vaillance.

Le jour suivant, de Ligny dit au roi :

— Sire, le duc de Savoie veut vous offrir le plus gentil page que j'aie vu de ma vie. A peine âgé de quinze ans, il monte un cheval comme un vieux cavalier, et s'il vous plaît d'aller entendre vêpres à Ainai, vous aurez plaisir à le voir.

Le roi accepta cette proposition avec empressement, et Bayard, de l'honneur qui lui était fait, en éprouva plus de joie que si on lui eût donné la ville de Lyon. A l'heure indiquée, Bayard, costumé avec une élégance qui relevait encore sa bonne mine, partit sur son roussin, harnaché comme pour le roi même, et, suivi de l'écuyer, ils allèrent attendre Charles dans la prairie d'Ainai. Ce prince descendait la Saône en bateau, et à peine avait-il mis pied à terre, que du plus loin qu'il aperçut Bayard :

— Page, lui cria-t-il, mon ami, donnez de l'éperon.

Et Bayard lança son cheval dans la prairie. Parvenu au bout de sa carrière, il le fit caracoler et bondir à plusieurs reprises, et, repartant aussitôt à bride abattue, il s'arrêta tout court devant le roi. Charles y prit tant de plaisir qu'il lui cria à plusieurs reprises :

— Piquez, piquez encore un coup !

— Piquez ! répétèrent les pages de sa suite.

Et, depuis, le surnom de Piquet est resté pendant près de vingt-cinq ans à Bayard. Il ne reprit le sien qu'à l'époque où il fut fait capitaine.

Bayard n'était *homme d'armes* que depuis quelques jours, lorsqu'il apprit qu'un tournoi allait être donné à Lyon en l'honneur du roi. Il avait le plus grand désir d'entrer en lice, mais l'impossibilité de s'équiper le retenait. Un de ses amis, nommé Bellabre, lui suggéra l'idée d'aller demander de l'argent à son oncle, l'abbé Théodore du Terrail. Celui-ci, après s'être longtemps débattu, ouvrit une petite armoire, tira d'une bourse cent écus qu'il remit à Bellabre, en lui disant :

— Mon gentilhomme, voici cent écus

que je vous confie pour acheter deux chevaux à ce vaillant gendarme, car il a la barbe encore trop jeune pour manier tant d'argent ; je vais, de plus, écrire un mot à Laurencin pour qu'il lui fournisse les accoutrements qui lui sont nécessaires.

— C'est très-bien agir, Monseigneur, répondit Bellabre, en prenant l'argent ; un si noble procédé vous fera le plus grand honneur à la cour.

Et, nantis de leur argent et de leur lettre, les deux amis quittèrent l'abbé après l'avoir remercié de sa générosité. Ils se rendirent en toute hâte chez Laurencin. Qu'on juge s'ils firent bien les choses ! Ils achetèrent pour 400 écus chacun de velours, de satin et d'étoffes d'or et d'argent...

Cependant, le bon abbé se ravisant, mais un peu tard, s'empressa d'envoyer chez le marchand pour lui recommander de ne pas fournir à son neveu pour plus de 100 à 120 livres. Quelle fut la colère de l'abbé, on le devine sans peine, lors qu'il apprit que l'achat fait par Bayard dépassait à ce point toutes ses prévisions Fort irrité du rôle trop généreux qu'il jouait, bien malgré lui, il leva les bras au ciel, invoqua tous les saints du paradis, et promit que son neveu se repentirait de ce tour.

Le roi et son entourage rirent beaucoup de cette espièglerie de page, et l'excellent abbé lui-même, oubliant bientôt sa colère, ne crut pouvoir mieux faire que d'imiter son souverain. Il savait d'ailleurs que, dans le tournoi, son neveu lui ferait encore plus d'honneur qu'il n'avait fait de tort à sa bourse. Bayard s'en tira de manière à mériter tous les suffrages. Après avoir vaincu complètement le sire de Vaudrey, l'organisateur du tournoi, Bayard passa devant les dames spectatrices, la visière levée, et elles témoignèrent leur surprise et leur enthousiasme en voyant sa figure si jeune et si pâle.

— Piquet, dit le roi au vainqueur, Dieu veuille continuer en vous ce que j'ai vu de commencement, vous serez prud'homme.

Bayard était en garnison à Monervine ; ennuyé de son oisiveté, il se mit à la tête de trente gentilshommes et s'avança vers la ville d'André, dans l'espoir de rencontrer quelque parti ennemi. En effet, un brave capitaine espagnol, don Alonzo de Sotomayor, parent de Gonzalve de Cordoue, sortait de la ville dans le même but avec quarante ou cinquante cavaliers. Les deux troupes se rencontrèrent. Les Espagnols portaient la croix rouge, et les Français la croix blanche.

— Mes amis, dit Bayard en les apercevant, au combat nous sommes venus. Je vous prie que chacun ait son honneur pour recommandation, et si vous ne me voyez faire aujourd'hui mon devoir, réputez-moi lâche et méchant toute ma vie.

Le choc des deux petites troupes fut

terrible; mais, malgré la résistance opiniâtre des Espagnols, la valeur brillante de Bayard décida la victoire. Il fit prisonnier Sotomayor, qu'il traita avec la plus grande courtoisie, ne lui donnant d'autre prison que le château, sur sa parole de n'en point sortir avant d'avoir payé sa rançon.

Cependant, Alonzo, soit mauvaise foi, soit ennui de sa captivité, viola sa promesse. Bayard, furieux, le fit poursuivre, et, ayant réussi à le reprendre, le tint quinze jours renfermé dans une tour. Lorsque l'Espagnol fut libre, il se plaignit hautement de la manière dont Bayard l'avait traité. Le chevalier, indigné de ses calomnies, le défia en champ clos. Tous deux avaient pour armes l'épée ou estoc, et le poignard. L'Espagnol était robuste; le Français se trouvait affaibli par une fièvre qui ne le quittait point. Quand les deux champions, accompagnés de leur parrain, furent entrés dans le champ, Bayard fit d'abord sa prière, puis il se coucha de son long et baisa la terre. Une fois relevé, il marcha droit à son ennemi, aussi assuré que s'il eût été dans un palais à danser parmi les dames. Don Alonzo, de son côté, faisait bonne contenance, et, s'avançant vers le bon chevalier, il lui dit :

— Seigneur Bayard, que me demandez-vous ?

— Je veux défendre mon honneur, répondit le vaillant capitaine.

Et, sans plus de paroles, ils en vinrent aux mains. Ils débutèrent par se porter l'un à l'autre un furieux coup d'estoc. Alonzo fut atteint légèrement au visage. Ils se surveillaient l'un l'autre avec soin, et ne voulaient frapper qu'à bon escient. Bayard s'aperçut que son adversaire, dès qu'il avait porté un coup, se couvrait le visage pour parer la riposte. Alors il attendit que Sotomayor recommençât sa manœuvre ; il leva le bras en même temps que lui, mais il tint son estoc en l'air, sans frapper, et quand l'Espagnol voulut reprendre sa position première, le visage découvert, il lui porta un si furieux coup à la gorge, que l'estoc entra de quatre bons doigts malgré l'épaisseur du gorgerin, de telle sorte qu'il ne pouvait plus le retirer.

Don Alonzo, se sentant frappé à mort, laissa son estoc et alla saisir au corps son adversaire. Alors tous deux commencèrent à lutter et tombèrent à terre l'un près de l'autre.

Bayard ne perdit pas la tête ; il prit son poignard et le présenta à son ennemi en lui disant :

— Rendez-vous, seigneur Alonzo, ou vous êtes mort !

Mais celui-ci n'avait garde de répondre, car il n'était déjà plus qu'un cadavre. Et son parrain s'écria :

— Seigneur Bayard, vous avez vaincu !

Alors les Français emmenèrent leur

champion triomphant au son des clairons et des trompettes.

Le Garigliano est une rivière qui séparait alors Naples des Etats de l'Eglise. Les Français y jetèrent un pont qui avait une extrême importance pour eux. Or, les Espagnols, commandés par un capitaine expérimenté, Gonzalve de Cordoue, tentèrent de s'emparer de ce pont par surprise, en attirant l'armée française sur un autre point. Heureusement Bayard, se méfiant de leur intention, s'était logé aux abords du pont ; il avait près de lui un gentihomme qui se nommait Pierre de Tardes dit Basco (le Basque).

— Mon ami, lui dit Bayard, allez vitement chercher nos gens pour garder ce pont, ou nous sommes tous perdus et pris entre deux feux. Pendant ce temps, je les amuserai jusqu'à votre venue. Hâtez-vous !

Basco partit, et Bayard s'alla planter

au bout du pont. Les Espagnols arrivaient et furent fort étonnés de le trouver là, tout seul, la lance en arrêt. Le passage était étroit et l'on ne pouvait s'y aventurer plus d'un à la fois. Le bon chevalier se lança sur la troupe dont une partie était engagée de telle sorte que, dès le premier choc, il en tomba plusieurs dans l'eau. La rivière était profonde et les malheureux s'y noyèrent. Les autres, voyant le triste sort de leurs compagnons, assaillirent Bayard de toute part; mais lui, comme un tigre échappé, s'accula à la barrière du pont, et, à coup d'épée, se défendit si bien que les ennemis ne savaient que dire et ne croyaient point que ce fût un homme, mais un diable.

C'est après cette conduite héroïque qu'on donna pour devise à Bayard un porc-épic, avec ces mots : *Vires agminis unus habet :* Seul, il a la force d'une armée.

Bayard était humain, libéral et charitable, sachant toujours colorer sous un prétexte choisi, avec une grande délicatesse, les générosités qu'il faisait. Malgré les grosses sommes qui lui revenaient pour ses parts de prises, dans les nombreuses guerres auxquelles il assista, il mourut sans avoir augmenté d'un denier sa fortune, et tous les biens qu'il a laissés ne valaient pas quatre cents livres de rente, quoiqu'il ait eu divers emplois et qu'il soit resté neuf ans lieutenant du roi en Dauphiné.

Un jour, qu'il était à Monervine, Bayard apprit, par des espions, qu'un trésorier de Naples changeait de l'or pour l'apporter à Gonzalve de Cordoue. Le chevalier, accompagné d'une vingtaine de cavaliers, alla s'embusquer sur le chemin que devait parcourir le trésorier, et s'empara facilement des quinze mille ducats qu'il portait.

De retour à Monervine, Bayard fit étaler les ducats sur une table, puis les montrant à un officier gascon, qui en avait réclamé injustement sa part comme ayant contribué à la prise, il lui dit, voulant calmer son chagrin et son dépit :

— Compagnon, que vous en semble? Ne voilà-t-il pas de belles dragées ?

— Eh! oui, oui, répond l'autre, mais ce n'est pas pour moi; si j'avais seulement la moitié de cette somme, je me trouverais riche, et je serais homme de bien toute ma vie.

— Comment, compagnon, s'écria le bon chevalier, ne tiendrait-il qu'à cela pour vous rendre vertu et honnêteté et pour que vous soyez assuré de votre vie dans ce monde ? Vraiment, je vous donne de bon cœur et de bonne volonté la moitié de ces dragées, qui vous plaisent si fort.

Et il lui fit compter exactement la somme promise. Alors, l'officier, reconnaissant, se jeta à genoux, pleura de joie et dit :

— Hélas! mon maître, mon ami, comment pourrais-je reconnaître le bien que vous me faites, jamais Alexandre ne fit pareille libéralité.

— Taisez-vous, compagnon, lui répondit Bayard, si je le pouvais, je ferais encore mieux pour vous. Les autres ducats furent distribués aux gens de la garnison, chacun selon sa qualité, et Bayard, n'en garda pas même un denier.

Jamais il ne fut en pays ennemi sans payer ce qu'il prenait dans les maisons. A ceux qui lui disaient : « Monseigneur, c'est argent perdu que vous donnez, car, après votre départ, on mettra le feu céans et l'on emportera tout ce que vous leur donnerez. » Il leur répondait :

— Je fais ce que dois, advienne que pourra ! Dieu ne m'a pas mis au monde pour vivre de pillage et de rapine ; et que savez-vous si ces pauvres gens ne pourront pas cacher leur argent au pied de quelque arbre, puis le retrouver quand la guerre sera hors du pays.

Bayard, au milieu des guerres les plus sanglantes, ne cessait de donner des preuves d'humanité. Il existait non loin de Vérone, une grotte percée par la nature dans une montagne, cette grotte servait d'asile aux habitants du pays; effrayés des ravages de la guerre, ils s'y étaient réfugiés au nombre de deux mille avec leurs effets précieux et toutes sortes de provisions. Ils s'y croyaient bien en sûreté, car l'entrée du souterrain était si étroite qu'un seul homme pouvait y passer à la fois, et ils s'étaient munis d'armes en cas d'attaque. Des aventuriers faisant partie de l'armée française découvrent cette retraite et veulent forcer l'entrée de la grotte; ne pouvant y réussir, ils entassent devant cette entrée du bois, de la paille, et y mettent le feu. Une épouvantable fumée s'élève, remplit la grotte qui n'avait pas d'autre ouverture, et étouffe tous les infortunés qui s'y trouvaient. Puis, à travers ces monceaux de cadavres, les aventuriers entrent et se gorgent de butin.

Les généraux français eurent horreur de cette barbarie, et Bayard n'eut de repos que quand il eut puni quelques-uns des coupables. Ayant mis la main sur deux de ces brigands, il les livra au grand-prévôt de l'armée, qui les fit pendre devant l'entrée de la grotte.

Pendant l'exécution, on vit sortir de la caverne une espèce de fantôme : c'était un enfant de seize ans, qui pouvait à peine se soutenir. Le bon chevalier lui demanda par quel miracle il s'était sauvé, l'enfant répondit qu'à l'extrémité du souterrain il avait pu respirer un peu d'air au moyen d'une fente du rocher et qu'à la fin il s'était évanoui. Bayard ordonna que tout ce que l'on pourrait retrouver du pillage fût remis au jeune homme.

A la prise de Brescia, ville d'Italie, Bayard fut blessé grièvement en franchissant le rempart. On le transporta dans une des maisons les plus proches ; c'était le logis d'un gentilhomme qui s'était enfui laissant sa femme et ses filles à la garde de Dieu. La dame conduisit Bayard dans une belle chambre, se jeta à ses genoux et lui dit :

— Noble seigneur, cette maison est vôtre par le droit de la guerre, mais au nom de la benoîte Vierge Marie, sauvez l'honneur et la vie de mes deux filles.

Bayard rassura son hôtesse et, par mesure de précaution, il fit placer deux archers à la porte de sa maison, et leur donna 500 écus, pour les dédommager du sacrifice qu'ils lui faisaient en ne pillant point.

Quelque temps après, le chevalier, à peine remis de sa blessure, mais, impatient de combattre, voulut prendre congé de son hôtesse ; celle-ci lui offrit alors un coffret rempli de ducats. A cette vue, Bayard ne put s'empêcher de sourire, et lui dit :

— Combien de ducats y a-t-il dans cette boîte?

— Deux mille cinq cents, répondit la dame en tremblant; mais si vous n'êtes pas content, nous ferons en sorte de trouver davantage.

— Par ma foi, madame, il n'en est pas besoin! Les soins que vous avez pris de moi sont bien au-dessus des services que j'ai pu vous rendre; j'en garderai souvenance tant que Dieu me prêtera vie, reprenez vos écus.

La dame, surprise d'un si grand désintéressement, insista, se jeta aux pieds de son bienfaiteur, et lui dit qu'elle ne se relèverait pas, avant qu'il n'eût accepté cette faible marque de gratitude.

— Puisque vous le voulez, reprit Bayard j'acquiesce à vos désirs, mais, ne pourrais je pas, avant mon départ, faire mes adieux à vos filles ?

La dame alla les chercher et, dès qu'elles furent arrivées, Bayard les remercia de la compagnie qu'elles lui avaient tenue et leur en témoigna sa reconnaissance.

— Les gens de guerre, leur dit-il ensuite, n'ont pas de bijoux à offrir aux dames, mais comme votre mère m'a donné les deux mille cinq cents ducats qui sont sur cette table, je vous en donne à chacune mille pour vous aider à vous marier; je destine les cinq cents autres aux couvents de cette ville qui ont été pillés. Les demoiselles se mirent à pleurer à chaudes larmes, et leur mère s'écria :

— Fleur de chevalerie à qui nul ne se doit comparer, que notre Sauveur vous récompense en ce monde-ci et en l'autre !

C'était pendant la guerre de Navarre, un soir que Bayard avait retenu à souper le duc de Suffolk, capitaine de tous les lansquenets qui se trouvaient dans l'armée française au nombre de six à sept mille hommes. Sur la fin du repas un lansquenet plus d'à moitié ivre, entra dans la salle, disant qu'il cherchait Bayard pour le tuer, parce qu'il n'avait pas reçu la double paie qui lui avait été promise ainsi qu'à ses compagnons. Le chevalier, qui voulait amuser ses convives, se leva, et, l'épée au poing, dit au lansquenet d'une voix terrible :

— Est-ce toi qui cherches le capitaine Bayard pour le tuer? Le voici, en garde!

Le pauvre diable, saisi de peur, dit en tremblant :

— Ce n'est pas moi tout seul qui veux tuer le capitaine, ce sont tous les lansquenets.

— Ah! sur mon âme, reprit le bon chevalier, qui gardait un sérieux imperturbable, je quitte la partie, et ne me sens pas de force à combattre, à moi seul, sept mille lansquenets. Compagnon, je vous demande quartier pour l'amour de Dieu.

Toute la compagnie riait aux éclats ; le lansquenet s'assit à table, mangea et but à sa satisfaction, et se retira en jurant que le chevalier était homme de bien et que son vin était bon.

Bayard, dans un de ses voyages à Rome, alla rendre visite au pape Jules II. Celui-ci, qui appréciait à un haut point les vertus guerrières, chercha à s'attacher le chevalier par les promesses les plus séduisantes, il lui offrit même la charge de capitaine général de l'Église. Bayard lui répondit :

— Saint Père, je vous remercie très humblement de votre bon vouloir; mais je n'aurai jamais que deux maîtres : Dieu dans le ciel, et le roi de France sur terre.

Il est très beau de risquer sa vie dans les combats; mais il est un genre de courage plus admirable encore, c'est celui qui vous fait affronter la mort vulgaire, mort qui atteint souvent les hommes qui se dévouent à leurs semblables, dans des maladies épidémiques. La ville de Grenoble était en proie à la peste et à la famine, l'âme tendre et bonne de Bayard s'émeut à ce spectacle. Accompagné de médecins, il parcourt sans cesse la ville, entre dans les maisons infectées, nourrit un grand nombre de pauvres, en fait soigner à ses dépens dans les hospices, relève l'énergie de tous, fait distribuer des secours, des médicaments et dépense plus de sept cents écus d'or en charités, — somme énorme pour l'époque. Grâce à son dévouement et à sa générosité, Grenoble fut délivrée en peu de temps du fléau. Bayard montra que son noble cœur avait toutes les vertus en partage.

Après la sanglante et glorieuse bataille de Marignan, François Ier voulut armer chevaliers ceux qui s'étaient le plus distingués durant l'action. Mais, d'après les antiques lois de la chevalerie, « au seul chevalier il appartenait de créer un autre chevalier. » Le jeune prince ne l'était point encore, et il voulut le devenir des mains de Bayard, quoique les plus grands personnages de France et d'Italie fussent là présents.

— Nul ne doit porter envie au seigneur de Bayard, dit François Ier, puisque nul n'a eu l'honneur de se trouver en tant de batailles, assauts et rencontres à pied et à cheval, et de donner plus de preuves de sa vaillance, expérience et bonne conduite... Bayard, mon ami, je veux être aujourd'hui fait chevalier de votre main, parce que je ne connais personne qui plus dignement que vous ait porté les éperons dorés.

— Sire, lui répondit-il en s'excusant avec sa modestie ordinaire, celui qui est couronné, sacré et roi d'un si noble royaume est chevalier sur tous les autres.

— Si, Bayard, dépêchez-vous, il ne faut alléguer ni lois, ni canons, faites mon vouloir de commandement si vous voulez être du nombre de mes bons amis et sujets.

— Sire, répliqua Bayard, puisqu'il vous plaît, je vais accomplir votre désir.

— Alors, tirant son épée, il en frappa trois coups sur l'épaule du roi agenouillé devant lui, en répétant la formule consacrée :

— Sire, autant vaille que si c'était Roland ou Olivier, Godefroi ou Baudouin son frère. Certes, vous êtes le premier prince que oncques (1) fit chevalier, Dieu veuille qu'en guerre vous ne preniez la fuite !

Et tenant toujours son épée de la main droite, il l'apostropha en ces termes :

— Tu es heureuse d'avoir donné l'ordre de la chevalerie à un si beau et puissant roi. Certes, ma bonne épée, tu seras désormais comme relique gardée, et sur toutes autres honorée, je ne te porterai jamais si ce n'est contre Turcs, Sarrasins

---

1) Jamais, à aucune époque.

ou Maures. Puis Bayard sauta deux fois joyeusement et la remit dans son fourreau.

Mort de Bayard

Lorsque l'amiral Bonnivet, commandant en chef l'armée du roi en Italie, fut blessé au passage d'une rivière, il fit venir Bayard, et lui dit :

— Monseigneur, je vous prie et conjure, pour la gloire et l'honneur du nom français, que vous défendiez aujourd'hui l'artillerie et les enseignes que je vous remets et que je confie entièrement à votre fidélité, valeur et sage conduite; il n'y a personne en l'armée du roi qui en soit plus capable que vous, soit par la valeur, l'expérience et le conseil.

Bayard répondit :

— Monseigneur, je voudrais bien que

vous m'eussiez fait cet honneur en quelque plus favorable occasion où la fortune nous fût moins contraire. Mais pourtant, quoi qu'il en soit, je vous assure et promets, que je les défendrai si bien, que tant que je serai vivant, elles ne viendront pas au pouvoir de l'ennemi.

Bientôt après, Bayard fit une charge si vigoureuse contre les Impériaux qu'il les força de reculer. Mais, environ sur les dix heures avant midi, l'armée étant fort avancée, et lui avec sa troupe demeurant le dernier, il fut atteint d'un coup d'arquebuse à croc au flanc droit, qui lui brisa l'épine du dos. Il chancela et néanmoins ne tomba pas de cheval, alors il s'écria :

— Je suis mort!

Et, prenant son épée, il baisa la garde qui avait la forme d'une croix, et dit tout haut :

— *Miserere mei, Deus;* mon Dieu, ayez pitié de moi.

Il se fit descendre de cheval et coucher

au pied d'un arbre, le visage tourné vers l'ennemi auquel il n'avait jamais tourné le dos.

Il pria le sieur d'Alègre de dire au roi qu'il mourait très content, puisque c'était en le servant les armes à la main ; que c'avait toujours été son désir, que nul regret de mourir ne le touchait, sinon celui de perdre avec la vie le moyen de le servir plus longuement.

Le connétable de Bourbon, qui, traître envers son pays, était au service de Charles-Quint, vint à passer au pied de l'arbre sous lequel agonisait le bon chevalier, il mit pied à terre, et lui dit en l'abordant :

— Ah ! monsieur de Bayard, j'ai grande pitié de vous voir en cet état, vous qui fûtes si vertueux chevalier.

— Monsieur, répliqua le mourant, il n'y a point de pitié à avoir de moi, car je meurs en homme de bien ; mais j'ai pitié de vous, de vous voir servir contre votre prince, votre patrie et votre serment.

Dans le camp français, lorsqu'on apprit la blessure de Bayard, ce fut une douleur inexprimable. Les pauvres gentilshommes de sa compagnie, au désespoir, s'écriaient :

— Hélas ! où trouverons-nous désormais un capitaine qui nous rachètera quand nous serons prisonniers, qui nous remontera quand nous serons démontés, et qui nous nourrira comme il le faisait ? Ah ! déloyale mort, en le frappant, tu nous as tous frappés ! Les ennemis eux-mêmes venaient le voir les uns après les autres « à grand deuil et lamentations », ils l'aimaient et le vénéraient presque autant que les Français. Ses serviteurs étaient tout saisis, son maître d'hôtel Jacques Joffrey, ne le quitta pas un instant, et le bon chevalier se confessa d'abord à lui, faute de prêtre ; — un peu plus tard, le marquis de Pescaire lui en envoya un, qui le prépara pieusement à la mort. — Jacques fondait en larmes, voyant son bon maître si mortellement atteint, que nul remède en la vie n'y avait. Mais le chevalier le réconfortait tout doucement, en lui disant :

— Jacques, mon ami, laisse ton deuil, c'est le vouloir de Dieu de m'ôter de ce monde; j'y ai, par sa grâce, longuement demeuré, et j'y ai reçu des biens et des honneurs plus qu'il ne m'en appartenait. Tout le regret que j'ai de mourir, c'est de n'avoir pas si bien fait que je devais.

Un capitaine suisse, avec cinq ou six de ses gens, voulaient emporter Bayard, et ne point l'abandonner; il trouva encore assez de force pour leur dire :

— Messeigneurs, je vous supplie, allez vous-en, autrement vous tomberiez aux mains des ennemis, et cela ne me profiterait de rien, car il est fait de moi.

Il vécut jusqu'à six heures du soir. Les ennemis lui tendirent un beau pavillon et un lit de camp, sur quoi il fut couché; ils lui firent un solennel service pendant deux jours, et renvoyèrent son corps en France.

Le duc de Savoie, quand le cortège traversa ses domaines, rendit aux restes du bon chevalier autant d'honneur que si c'eût été son frère, ou un prince du sang. Depuis le haut des Alpes jusqu'à Grenoble, le corps fut escorté par les populations entières qui firent éclater leurs gémissements. Toutes fêtes, danses, banquets et passe-temps, cessèrent pendant un mois dans la province. Le roi, l'armée et le reste de la France ne montrèrent pas une moindre douleur, et lorsque, après la funeste bataille de Pavie, François Ier se vit prisonnier de Charles-Quint, il ne put s'empêcher de s'écrier :

— Ah! chevalier Bayard, que vous me faites grande faute ; si vous viviez encore, je ne serais pas ici !

Un gentilhomme du Dauphiné fit dresser un buste, en l'honneur de Bayard, dans une église de Grenoble ; il y joignit l'épitaphe suivante que nous croyons devoir mettre sous les yeux de nos lecteurs.

Elle leur présentera un résumé succinct et fidèle de la vie du bon chevalier. S'il faut en croire M. Ratisbonne, les épitaphes sont souvent trompeuses, mais celle-ci est l'expression de la vérité, puisqu'elle s'applique à un homme qu'on peut offrir comme modèle à tous les autres.

« Pierre Terrail, seigneur de Bayard,
» à peine hors de l'enfance, porta les ar-
» mes. Ses beaux faits devancèrent les
» années. Ses coups d'essai furent les chefs
» d'œuvre d'un guerrier consommé. Il se
» signala dans sa patrie et dans les pays
» étrangers. Mais l'Italie fut le théâtre
» où il parut avec le plus de gloire et où
» les lys et les lauriers partagèrent l'hon-
» neur de le couronner. Devenu homme
» par la vigueur de l'âge et de l'expérience,
» il égala tout ce que l'antiquité fabuleuse
» a raconté de ses héros. Le surnom de
» chevalier sans peur et sans reproche
» lui fut commun avec Hercule (c'est-à-
» dire qu'on le nomma aussi, Hercule

» français). Sa réputation, répandue gé-
» néralement, avait attaché à son nom
» seul l'idée de toutes les vertus réunies.
» Il servit et commanda sous trois rois
» pendant près de trente cinq ans. La
» vertu lui avait décerné l'honneur du
» triomphe, qu'il estimait plus que la ri-
» chesse ; mais le char plia sous le poids
» des lauriers et des victoires dont il était
» surchargé. Nommé lieutenant général
» pour le roi en Dauphiné, ce qu'il eut de
» plus glorieux pour lui, fut d'être supé-
» rieur à sa dignité ; chevalier de l'Ordre
» du roi, il reçut moins une grâce que le
» prix de ses exploits, et eut l'honneur de
» donner, à son tour, l'Ordre de chevalerie
» à son souverain. Enfin, il ne manquait
» aux victoires d'un si grand capitaine
» que de triompher de la mort. Il en
» triompha: elle fut étonnée elle-même
» du courage avec lequel il s'offrit au coup
» mortel. Elle rougit de sa défaite et d'un
» trait si précipité. Sitôt qu'il l'eut reçu,

» il se fit descendre de son cheval, au pied
» d'un arbre ; là, succombant sous ses
» trophées, et le regard encore tourné
» vers l'ennemi, il ferma les yeux à la
» lumière, en l'année 1524, âgé de qua-
» rante huit ans.

» Le temps pourra détruire ce monu-
» ment, mais les dépouilles qu'il renferme
» seront immortelles. »

Ce que nous devons penser de Bayard

Nous ne pouvons mieux terminer la vie de Bayard, qu'en citant les jugements portés sur lui par divers écrivains. Chose admirable ! tous sont unanimes dans la louange, écoutons-les :

« *Le chevalier sans peur et sans reproche !...* Ce glorieux surnom que Bayard reçut de ses contemporains, renferme en peu de mots l'éloge le plus complet et le plus magnifique : c'est le guerrier intrépide, le noble preux qu'aucun péril n'étonne, dont le cœur bondit de joie à l'approche du combat, car le combat mène à la gloire ; c'est l'homme de bien, le sujet fidèle, le chrétien vertueux, le type, le beau idéal de l'antique chevalerie, cette école de loyauté, cette religion de l'honneur. Entre tous les héros connus, Bayard est un de ceux qui approchèrent le plus de cette perfection, où il n'est pas donné à la faiblesse humaine d'atteindre. Par un rare assemblage, il unissait le courage le plus brillant du sang froid qui mesure sans trembler la grandeur du péril, à la prudence qui permet de s'arrêter à propos et sait profiter de toutes les ressources pour se tirer du danger, quand la valeur devient inutile ; si sage dans le conseil, qu'il ramenait tous les esprits à son avis, si hardi dans l'exécution, qu'il enflammait tous les cœurs de son courage ; toujours le premier à l'attaque et le dernier dans les retraites ; pieux au milieu des sanglantes orgies de la guerre ; d'une libéralité sans bornes, surtout envers les soldats ; telles sont les principales qualités qui lui attirèrent la confiance des rois qu'il servit, l'amour des troupes qu'il commanda, et qui lui valurent l'estime des ennemis mêmes que son nom seul faisait trembler. »

*
* *

« De tous les héros dont la vie a été écrite, Bayard est peut-être le seul qui puisse être loué généralement et sans exception. Il n'a eu aucun vice, et il a été doué de toutes les vertus humaines. En lui on voyait la bonté jointe à la valeur, l'intrépidité à une présence d'esprit admirable pour s'en tirer ; une sagesse et une justesse de point de vue qui, dans les conseils, ramenait toujours tous les avis au sien, avec un talent pour l'exécution que personne ne posséda à un plus haut degré.

» Son attachement pour ses rois, pour sa patrie, pour tous ses devoirs ; son zèle pour le service, qui ne lui a jamais permis de se refuser à rien ; sa piété au milieu du tumulte des armes, sa charité inépuisable, sa libéralité, sa générosité, sa grandeur d'âme dans la victoire, sa vigilance dans les petites occasions comme dans les grandes, telles ont été les vertus de celui qui, de son temps, a été surnommé l'Hercule français, et qui seul a mérité d'être appelé le chevalier sans peur et sans reproche. La postérité a ratifié ce nom ; oui, pour elle, Bayard est le chevalier par excellence, le type du chevalier au XVIᵉ siècle, comme Du Guesclin au XIVᵉ ; et, sans offenser la mémoire du grand connétable, il est permis de dire que la comparaison est tout à l'avantage du XVIᵉ siècle : le niveau de la moralité, de l'humanité, de la courtoisie, s'est relevé. Cette magnanime génération des Bayard, des La Trémouille, des La Palice, finit la chevalerie, mais la chevalerie ne pouvait plus noblement finir. »

Bayard considéré comme soldat

Comme soldat, peu d'hommes peuvent être comparés à Bayard ; sa carrière tout entière n'est qu'une série de faits héroïques et d'actions d'éclat ; partout et toujours il a fait preuve des plus rares qualités, du courage le plus réel et de la plus réelle intelligence des choses militaires. Les contemporains disaient qu'il avait trois excellentes qualités qui font le grand général : assaut de bélier, défense de sanglier et fuite de loup.

Il n'a jamais commandé en chef, sauf

à Mézières et à l'heure suprême qui a précédé sa mort. Il aimait mieux, dit Brantôme, être capitaine et soldat d'aventure et s'enfoncer dans tous les dangers qui lui plaisaient, que d'être contraint par une grande charge et gêné dans sa liberté à combattre. Mais il a eu cet honneur qu'aucun général d'armée de son temps ne fit voyages, entreprises ou conquêtes, qu'il n'eût toujours M. de Bayard avec lui; autrement la partie était manquée, et toujours ses avis et conseils en guerre étaient suivis plutôt que ceux des autres. Il avait ainsi plus d'honneur, car, si on ne le prenait pas pour commander une armée, on le prenait pour commander au général. C'était l'homme du monde qui disait et racontait le mieux; toujours joyeux à la guerre, il causait avec les compagnons de si bonne grâce qu'ils en oubliaient toute fatigue, tout mal et tout danger. Quand Nassau, le croyant à bout de ressources, lui envoya un héraut pour le sommer de capituler devant Mézières, Bayard répondit noblement et fièrement :

— Héraut, mon ami, retournez d'où vous êtes venu, et dites à ceux qui vous ont envoyé que le roi mon maître avait beaucoup de plus capables personnages en son royaume que moi, pour envoyer garder cette ville qui vous fait frontière. Mais, puisqu'il m'a fait cet honneur de s'en fier à moi, j'espère, avec l'aide de notre Seigneur, la lui conserver si longuement qu'il ennuira beaucoup plus à vos maîtres d'être au siège, qu'à moi d'être assiégé et que je ne suis pas un enfant qu'on étonne avec des paroles. Avant qu'on m'aie parlé de sortir d'une ville que le roi m'a remise en charge, j'espère me dresser un pont de corps morts de ses ennemis, par dessus lequel je pourrai sortir.

Voici la chanson des bourgeois de Mézières aux capitaines protecteurs de leur ville (1521).

Dieu doit honneur et longue vie
Aux bons protecteurs de Mézière
Qui nous ont sauvé notre vie
Tant par devant que par derrière.
Ceux qui sur nous avaient envie
Ont trouvé si forte barrière,
Que, malgré leurs dents et leur vie,
Furent contraints courir arrière.

On doit bien avoir souvenance
De Bayard, Montmoreau, Boucart,
Larochepot et leur vaillance.
Bayard mordait, comme un léopart,
Moreau rua trop par outrance,
Lorge secourt, confort Boucart.
Sans eux le royaume de France
Etait en danger d'un bon quart.

Le pigeonnier du comte de Nassau

— Eh quoi ! disait-on au comte de Nassau forcé de lever le siège, vous aviez 40,000 hommes, cent pièces d'artillerie et vous n'avez pu prendre Mézières, un pigeonnier !

— Ah ! répondit-il, c'est que le pigeonnier était gardé par un aigle et par des aiglons autrement becqués et membrés que tous les aigles de l'Empire.

Portrait physique de Bayard

Bayard était d'une taille élevée, assez maigre mais de belle prestance. Il avait le visage pâle, doux et gracieux, le nez long et effilé, les cheveux châtains, les yeux noirs et pleins de vivacité. Il portait la barbe rase selon l'usage du siècle de Louis XII.

Un autre écrivain dit :

« Bayard était de la plus riche taille, bien fait, déchargé de graisse, mais nerveux ; plein de force et de vigueur, quoique sujet à la fièvre. Il avait la charnure (chair) fort blanche et fort délicate, **le** nez tirant sur l'aquilin, les yeux noirs, vifs et pleins de feu, et d'un regard mâle et agréable. Il portait la barbe rase pour n'être point embarrassé dans son armet, et il avait une perruque de châtain, couleur naturelle de ses cheveux. »

Belle pensée de Bayard

Le père doit acquérir à ses enfants ce qui ne craint ni pluie, ni tempête, ni force d'hommes, ni justice humaine : c'est sagesse et vertu. Il faut qu'il agisse envers ses enfants comme celui qui fait un jardin ; il doit le bien cultiver, y mettre de bonnes semences et y planter de bons arbres.

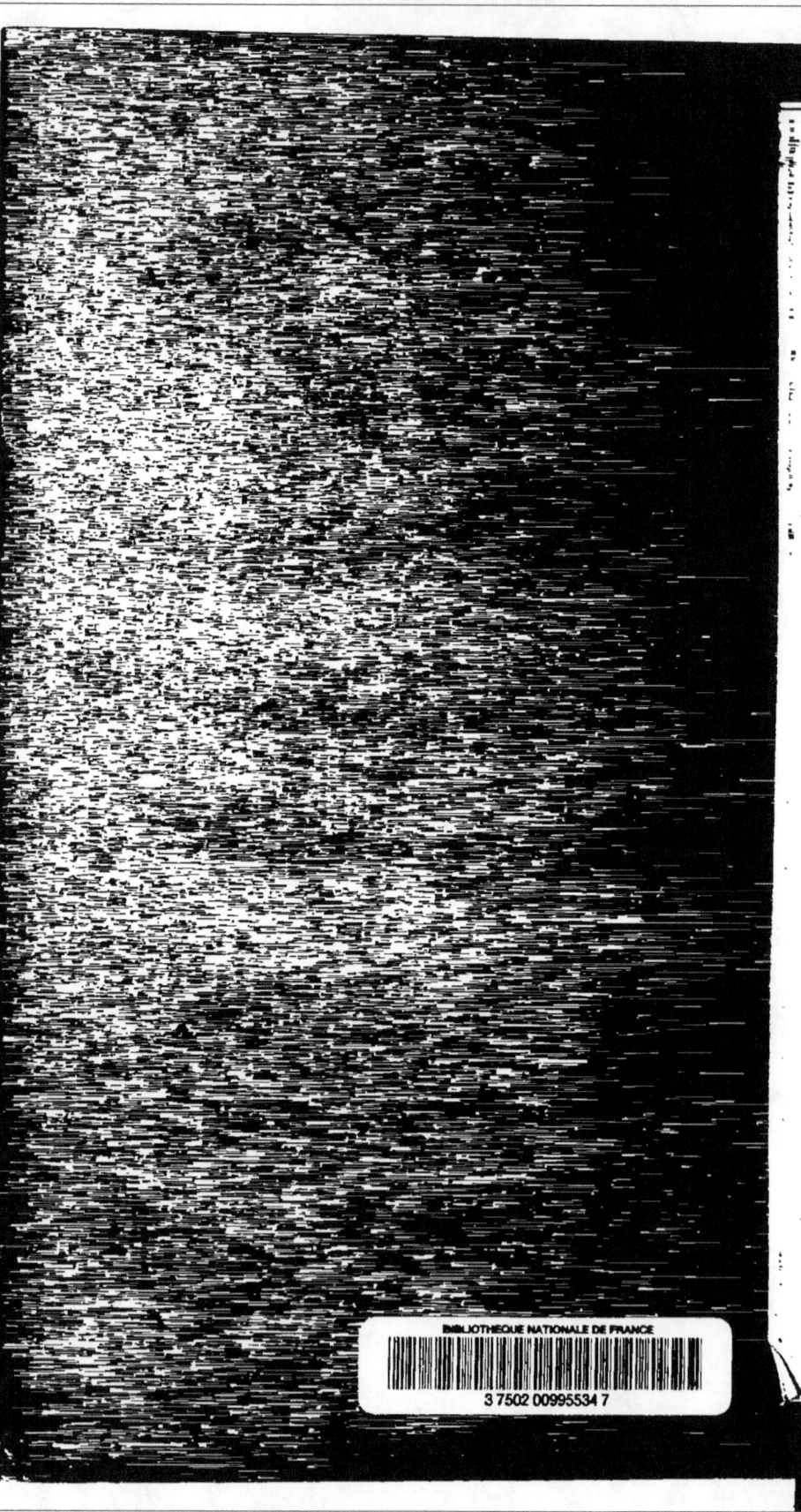

www.ingramcontent.com/pod-product-compliance
Lightning Source LLC
LaVergne TN
LVHW020954090426
835512LV00009B/1893